Malbuch
Die Sonne Gudrun

von
Astrid Listner

Illustriert von
Susanne Auschill

Astrid Listner
Malbuch - Die Sonne Gudrun,
Kreativheft zu den sonnigen Lese- und Vorlesegeschichten, Bd. 1,
Illustriert von Susanne Auschill

Creative-Story
Safferlingstr. 5 / 134
D-80634 München
Tel.: +49 (0)89 / 12 11 14 66
Fax: +49 (0)89 / 12 11 14 68
info@creative-story.de
www.creative-story.de

Cover-Design, Layout und Satz:
Creative-Web-Projects, München

ISBN: 978-3-95964-001-5

Danksagung der Autorin
Mein besonderer Dank gilt meiner Lektorin, Verlegerin und guten Freundin. Danke, für
deine schöpferische Kraft, deine Hartnäckigkeit und deine aufrichtige Freundschaft.

Für Mom & Dad

Die Sonne Gudrun

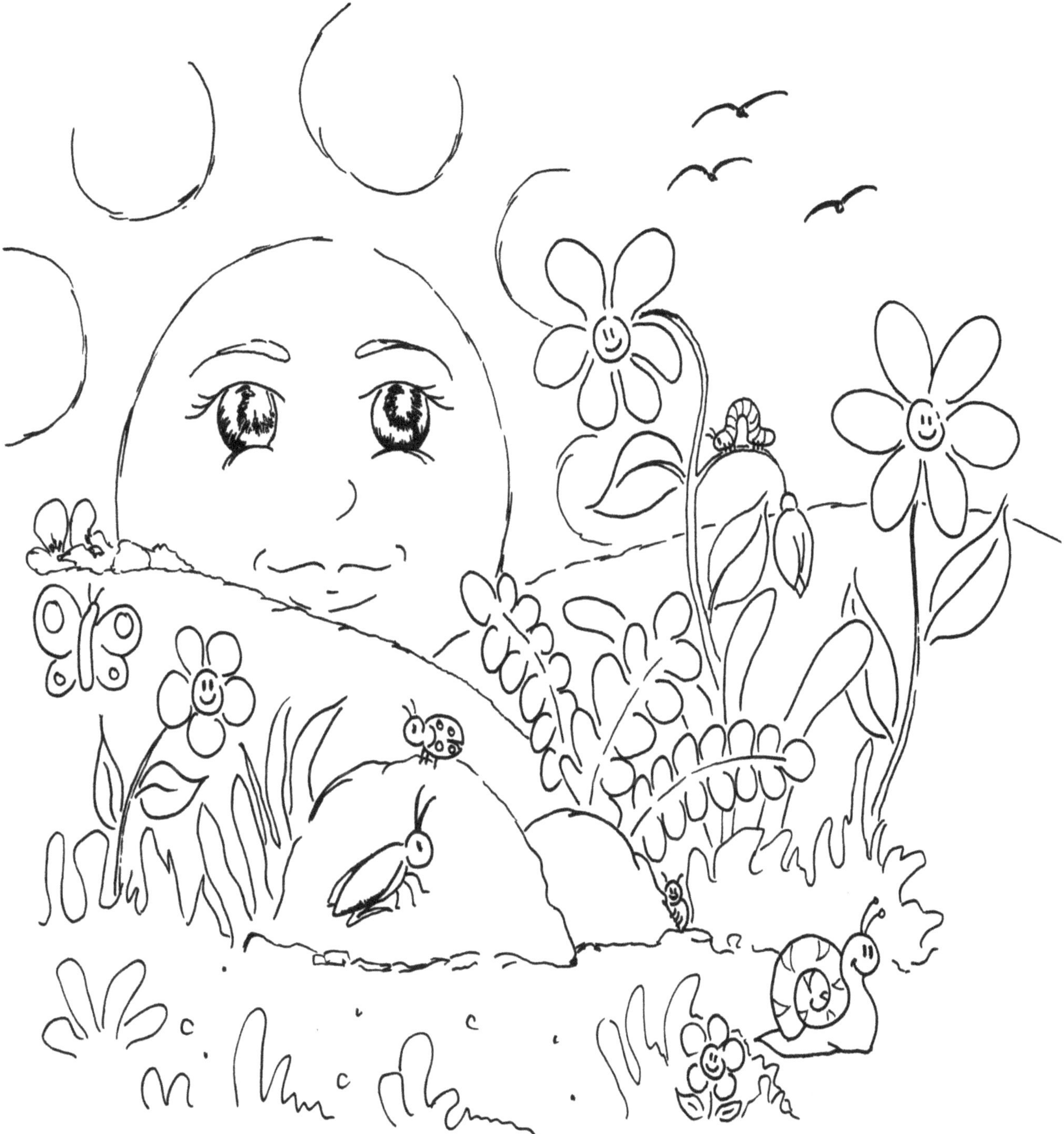

A. Listner / S. Auschill:
Malbuch - Die Sonne Gudrun

A. Listner / S. Auschill:
Malbuch - Die Sonne Gudrun

A. Listner / S. Auschill:
Malbuch - Die Sonne Gudrun

Die Sonne Gudrun - Streit um das Wetter

(Sonnige Lese- und Vorlesegeschichten, Bd. 1)

ISBN 978-3-95964-000-8

Fortsetzung der Abenteuer von

Gudrun, Florian und Jakob

in Band 2:

Die Wolke Florian - Warum Freunde wichtig sind
(Sonnige Lese- und Vorlesegeschichten, Bd. 2)
ISBN 978-3-95964-040-4

Malbuch - Die Wolke Florian
ISBN 978-3-95964-041-1

www.ingramcontent.com/pod-product-compliance
Lightning Source LLC
Chambersburg PA
CBHW050257090426
42734CB00022B/3486